Inhalt

Welchen Nutzen erbringen Customer-Relationship-Management-Systeme?

Kernthesen

Beitrag

Fallbeispiele

Weiterführende Literatur

Impressum

GENIOS WirtschaftsWissen Nr. 02/2004 vom 04.02.2004

Welchen Nutzen erbringen Customer-Relationship-Management-Systeme?

M. Westphal

Kernthesen

- Unternehmen werden weiter in Customer-Relationship-Management-Systeme (CRM) investieren
- Die bisher vernachlässigte Nutzenmessung von CRM-Systemen rückt in den Vordergrund
- Eine CRM-Value-Metric kann das Ermitteln der interdependenten Wertzuwächse unterstützen

Beitrag

Unternehmen werden weiter in Customer-Relationship-Management-Systeme (CRM) investieren

Customer Relationship Management (CRM) zielt auf eine Intensivierung der Kundenbeziehungen ab. Um das eigentliche Ziel, nämlich die Wertsteigerung des Unternehmens zu erreichen, muss das gesamte Unternehmen auf diese Aufgabe ausgerichtet werden und es müssen Instrumente implementiert werden, die insbesondere die "wertvollen" Kunden identifizieren und deren Beziehungen besondere Beachtung schenken. Ein mögliches Tool, welches die Erreichung dieses Ziels unterstützen kann, ist ein CRM-System. Diese Systeme verursachen allerdings hohe Investitionen und somit stellt sich die Frage nach dem finanziellen Erfolg des Einsatzes. Neben den CRM-Software-Systemen sind selbstverständlich häufig auch Veränderungen in den Fähigkeiten und Einstellungen der Mitarbeiter, den Prozessen oder auch den organisatorischen Strukturen erforderlich. [1]

In den 90er Jahren war CRM eines der Hypethemen. Die Ausgaben für CRM sind in den vergangenen Jahren zweistellig gewachsen und auch in Zeiten schrumpfender IT-Budgets verharren sie auf hohem Niveau, da sie für die Unternehmen zu den wichtigsten Ausgaben gehören. In den vergangenen Jahren ist es allerdings deutlich ruhiger um dieses Thema geworden, da die erwarteten Effizienzsteigerungen häufig ausblieben oder nicht messbar waren. Inwieweit also CRM das Versprechen seiner Wertsteigerung einlöst, ist unklar. So hatten Anbieter wie Siebel, SAP, Oracle oder auch Peoplesoft Probleme, ihre diesbezüglichen Verkaufsziele zu erreichen.

Für die Zukunft wird aber erwartet, dass die IT-Budgets zwar nicht nennenswert steigen werden, aber das ein Fokus auf Applikationen wie dem CRM liegen wird. Diese Tatsache rückt die grundsätzliche Fragestellung nach der Messung des Return On Investments (ROI) für derartige Investitionen aber wieder in den Vordergrund und es bilden sich verstärkt Initiativen, die gerade dieses Thema angehen.

Es stehen zwei Arten von CRM-Programmen zur Verfügung. Zum einen gibt es leistungsfähige Kontaktanagement-Programme mit Adressverwaltung und Terminplanung. Daneben gibt es CRM-Univeralsprogramme, die auch Schnittstellen zu gängigen ERP-Systemen aufweisen. Zu beachten ist auch bei der Vorab-Berechnung der Rentabilität, dass auf jeden Euro Kosten für die Software noch einmal mindestens ein weiterer für Beratung, Service und Schulung gerechnet werden muss. Sofern noch zusätzlich Hardware benötigt wird, ist auch dieser Kostenblock zu berücksichtigen. (2)

Nicht nur Investment in teure CRM-Systeme ist für eine erfolgreiche Kunden-Kommunikation wichtig, sondern auch der direkte Kontakt z. B. durch Callcenter-Service-Personal. Dieser Aspekt wird aber häufig vernachlässigt. Der schlechte Service am Telefon wird von vielen Firmen billigend in Kauf genommen, denn sie drehen gewaltig an der Kostenschraube, da der Callcenter-Markt an Überkapazitäten leidet. Die Stunde Hotline-Service gibt es schon ab 20 Euro, wobei in unabhängigen Callcentern teilweise nur ein Stundenlohn von fünf Euro zuzüglich eines erfolgsabhängigen Anteils gezahlt wird. Da dieser erfolgsabhängige Anteil oft an die Zahl der bearbeiteten Anrufe gekoppelt ist, ist auch die Qualität nicht unbedingt hoch. Auch Schulungen werden von den beauftragenden Unternehmen häufig nicht bezahlt. So erhalten einige Callcenter-Mitarbeiter nicht einmal Einblick ins technische Handbuch oder Zugang zur internen Software.
Der Capital-Testsieger, die Asstel-Versicherung hat

ihren Callcenter-Service nicht ausgelagert, weil sie dieses Kommunikationscenter als das Herz ihres Unternehmens ansieht.
Die Zeitschrift Capital hat auch getestet, inwieweit auf Mail-Anfragen geantwortet wird und 13 Prozent der Unternehmen reagierten nicht auf Anfragen per E-Mail. (3)

Die bisher vernachlässigte Nutzenmessung von CRM-Systemen rückt in den Vordergrund

Selten werden quantitative Ergebnisse aus CRM-Einführungen veröffentlicht und wenn dieses geschieht, führen methodische Unterschiede häufig zu Unvergleichbarkeit.
Zunächst müssen methodische Grundentscheidungen getroffen werden, um den Erfolg von CRM-Maßnahmen ermitteln zu können.

- Kausalitätsproblem: Der Einsatz von CRM-Systemen verursacht Wirkungen. Die Frage ist aber, welche wirklich auf den Einsatz des CRM-Systems zurückzuführen sind. Denn die Zeitspanne der Einführung eines CRM-Systems umfasst vom

Projektstart bis zum vollen Wirkungsgrad durchschnittlich 30 Monate. Die Veränderung des Unternehmenswertes in einem solch langen Zeitraum ist aber kaum nur auf die Einführung des CRM-Systems zurückzuführen. Niemand kann mit Gewissheit sagen, wie sich z. B. die Umsätze ohne CRM-Einsatz entwickelt hätten. Ein wesentliches Hilfsmittel der vollständigen und überschneidungsfreien Erfassung der durch CRM ausgelösten Wirkungen ist die Anwendung einer systematischen auf CRM zugeschnittenen Metrik, die im Folgenden als CRM Value Metric dargestellt wird. (1)

- Die zweite Grundentscheidung betrifft die Frage, inwieweit die Wirkungen des CRM-Einsatzes überhaupt quantifiziert werden können. Zum einen können "harte" Faktoren wie z. B. eine Zeitverkürzung, zum anderen aber auch "weiche" Faktoren wie eine veränderte Kundenzufriedenheit gemessen werden. Ein wesentlicher Baustein von CRM-Systemen gründet auf einer verbesserten Beziehung zum Kunden, die aber im wesentlichen durch weiche Faktoren wie z. B. Image, Vertrauen, Verständnis oder Zuverlässigkeit gekennzeichnet ist. Bisher gibt es aber keine allgemeingültigen Funktionen, die einen Zusammenhang herstellen zwischen einer x Prozent höheren Kundenzufriedenheit und der daraus resultierenden Umsatzerhöhung um y Prozent. Die wesentlichen potenziellen Interdependenzen zwischen den Faktoren müssen also im jeweiligen Fall systematisch geprüft werden. (1)

- Neben dem operativen muss aber auch der finanzielle Erfolg ermittelt werden. Das folgt in der Praxis aber leider nur sehr selten, da von den Unternehmen in der Projekteinführungsphase selten finanzielle Ziele formuliert werden. Während des großen E-Business-Booms wurde häufig auf einen Business Case für die CRM-Entscheidung verzichtet. (1)

- Probleme bereiten auch die oftmals funktionsorientierten Sichtweisen der Beteiligten, die den Erfolg eines IT-Projektes wie die Einführung einer CRM-Lösung unterschiedlich beurteilen. So definiert die IT-Abteilung Erfolg mit "high quality, in time, in budget". Das Marketing ist dann zufrieden, wenn die Kunden zufrieden sind und erst für den wertzielverpflichteten Controller steht der finanzielle Erfolg im Vordergrund. (1) Es müssen also schon bei Aufnahme eines CRM-Projektes unternehmensübergreifende Ziele vereinbart werden. Die Wirkungsketten können kontinuierlich über eine Balanced Scorecard gesteuert werden. Das eigentliche Problem ist aber der hohe Aufwand, der für die Erstellung des Business Cases betrieben werden muss. Die häufig von Software-Anbietern zur finanziellen Erfolgsermittlung verwendeten ROI-Kalkulatoren reduzieren die Angaben durch stark

verallgemeinernde Angaben, die im Einzelfall nicht zutreffen müssen. Sie können somit nur einen ersten Anhaltspunkt bieten, müssen aber anschließend auf jeden Fall um einen Business Case ergänzt werden, der vollständig auf unternehmensspezifischen Angaben beruht. Darüber hinaus ist eine dynamisch Erfolgsermittlung einer statischen vorzuziehen, da die Wirkung von CRM-Systemen sich erst über Jahre entwickelt.
Ein solcher Business Case kann dann helfen, sich auf die wesentlichen Wertpotenziale zu fokussieren, bei Abweichungen zwischen geplanten und realisierten operativen Verbesserungen diese finanziell zu bewerten und ggf. frühzeitig Korrekturmaßnahmen einzuleiten. (1)

Außer zur Umsatzsteigerung können CRM-induzierte Produktivitätspotenziale auch zur Prozessbeschleunigung verwandt werden. So ist aufgrund besserer Kundenkenntnis ein sichereres Erkennen von Markttrends und eine stärker auf den Kundennutzen fokussierte Entwicklung ein verkürzter Time-to-Market-Prozess möglich.
Aber auch der Time-to-Volume-Zyklus (Zeit bis zum Erreichen eines stabilen Absatzniveaus) verringert sich aufgrund zügigerer Informationen potenzieller Kunden. Schließlich ist auch der Time-to-Delivery-Prozess durch ein effizienteres Auftragsmanagement verkürzbar. (1)

Aufbau einer CRM Value Metric

Ausgehend von einer besseren Kundeninformation durch den CRM-Einsatz können aufgrund **verbesserter Prozesse** Produktivitätsgewinne erzielt werden. Darüber hinaus müssen die **erfahrungsbasierten Erwartungen zukünftiger Produktivitätsentwicklungen** geschätzt werden. Dieser gesamte CRM-induzierte Produktivitätsgewinn kann zum einen auf der **Cash-In-** oder Nutzen-Seite zu **Kostensenkungspotenzial** aufgrund weniger notwendigem Input für gleichbleibenden Output oder zu **Zusatzumsatzpotenzial** aufgrund mehr Output bei gleichem Input genutzt werden. Auf der **Cash-Out-** oder Kosten-Seite müssen die **Einmal-Zahlungen** im Rahmen der Implementierung der CRM-Lösung sowie die **daraus resultierenden wiederkehrenden Zahlungen** berücksichtigt werden. Vergleicht man dann relational den Cash-Out-Bereich mit dem Cash-In-Bereich anhand **finanzieller Kennzahlen** wie dem Net Present Value, dem Break Even oder anderen Kennzahlen, kann der Nutzen der Maßnahme im gesamten Wirkungskreislauf ermittelt werden. [1]

Fallbeispiele

Um CRM-Tools auch für kleinere und mittlere Unternehmen attraktiv zu machen, bietet Microsoft jetzt Systeme an, die rund 400 US-Dollar je Arbeitsplatz kosten und eine Integration in die Windows- und Office-Welt aufweisen. (2)

Ein mittelständisches Unternehmen mit 86 Mitarbeitern und 17 Mio. Euro Gesamtumsatz , welches chemische Komponenten für Produktionsprozesse liefert mit einem Schwerpunkt auf Beratung seiner Kunden, führt eine Prozesskostenanalyse ein. Hierbei werden alle Arbeitszeiten selektiv erfasst, bezogen auf Projekte. Projekte können hierbei externe Projekte sein, wie die Dauer von Kunden-Terminen inkl. der dazugehörigen Fahrtzeiten, wie auch internen Projekte wie die Entwicklung eines Produktes.
Der Außendienst erhält hierzu ein CRM-System auf seinem Laptop installiert, auf dem alle Zeiten erfasst werden wie aber auch Auskünfte darüber, ob es ein von ihm initiiertes Verkaufsgespräch war, oder eine Reklamation, die über das System direkt an das Qualitätsmanagement weitergereicht wird.

Ziel dieser Maßnahmen ist es, zum einen eine Kostentransparenz für sämtliche Prozesse zu erlangen, aber auch eine Argumentationsgrundlage zu schaffen z. B. für Preiserhöhungen der Produkte und Leistungen. Darüber hinaus wird durch dieses System ein neues Provisionsmodell für den Vertrieb ermöglicht, welches sich an der Kundenrentabilität orientiert. (6)

Die Paul Hartmann AG, ein Unternehmen zur Herstellung von Medizin- und Hygieneprodukten hat den B-to-B-Award 2003 des CRM-Best Practice Award des Messeveranstalters IMP gewonnen.
Die Paul Hartmann AG hat nicht nur als erstes Unternehmen alle vier SAP-CRM-Module (Internet Sales, Mobile Sales, Direktmarketing und Customer Interaction Center) gleichzeitig eingeführt, sondern hat auch im Bereich der leidigen Diskussion um die Ermittlung des ROI neue Wege beschritten. Sie hat zusammen mit IBM Healthcare Consulting und der International University Bruchsal ein sogenanntes "System Dynamics Modell" entwickelt, um die mögliche Umsatzsteigerung durch CRM im Voraus zu ermitteln.
In diesem Zusammenhang wurden die einzelnen Prozesse und ihre gegenseitigen Abhängigkeiten unter dem Einfluss von CRM untersucht. Die Güte der Informationen im System hat zum einen Einfluss auf die Qualität der Verkaufskontakte, aber auch auf

die Effektivität der Kontaktkanäle. Von beiden Faktoren werden die Vertriebseffektivität wie aber auch der Umsatz beeinflusst. Abgebildet wird das Ganze in Regelkreisen, die in sich positiv oder negativ wirken.
Dieses Modell umfasst 200 umsatzrelevante Faktoren, die alle zueinander gewichtet und mit den entsprechenden Folgeparamtern versehen worden sind. Die Annahme, das sich die Kontaktqualität um 20 Prozent erhöhen wird, führt zu einer Qualitätsverbesserung, die wiederum den Umsatz steigert. Damit steigt auch die Akzeptanz bei den Nutzern was zu einer verstärkten Nutzung und wiederum verbesserten Informationen im System führt. So kompliziert diese Vorgehensweise auch aussehen mag und so kompliziert sie wohl in der Praxis auch ist, so hat der Aufwand sich auf jeden Fall gelohnt, da hiermit eine detaillierte Kosten-Nutzen-Analyse erstellt und ermittelt werden kann, welchen Nutzen CRM in welchen Bereichen erbringt. Mit dieser Vorgehensweise, eines ganzheitlich durchdachten Ansatzes von der Strategie bis hin zu den Prozessen der ROI-Ermittlung, wurde der Nerv der Experten-Jury exakt getroffen, da gerade die ROI-Ermittlung eine leidige Diskussion bei solch komplexen Projekten auslöst.
CRM dient der Paul Hartmann AG aber nicht zur Prozessoptimierung, sondern auch zur Marketing- und Vertriebssteuerung. (4) (7)

Die Deutsche Börse wollte eine 360 Grad-Sicht auf ihre Kunden. Die "alte" Systemlandschaft war sehr heterogen und historisch gewachsen und führte so alleine zu Betriebs- und Wartungskosten in Höhe von mehr als fünf Millionen Euro pro Jahr. Darüber hinaus war insbesondere die Qualität der Daten aufgrund von Redundanzen und fehlender Transparenz nicht optimal, was einen zusätzlichen Aufwand für Pflege und Aktualisierung nach sich zog. Cross-Selling-Potenziale konnten nicht vollständig genutzt werden.
Die Einführung eines neuen und integrierten CRM-Systems sollte einen besseren Vertrieb und Service ermöglichen. Um die Informationen dahinzubringen wo sie benötigt werden, wurde die Einführung eines neuen Systems geplant und ein Einsparpotenzial von mehreren Millionen Euro ermittelt. Dabei wurden Faktoren wie verbessertes Cross-Selling nicht einmal eingerechnet. Aber neben den reinen Kostenfaktoren gab es auch eine strategische Sicht in Bezug auf "CRM ist keine Software, sondern eine Haltung". (8)

Weiterführende Literatur

(1) Seichert, Martin, Ermittlung des Erfolgs von CRM-Systemen Konzeption und praktische Anwendung, Controlling, Heft 1/2004, S. 27-34

aus Computerwoche, 24.10.2003, Nr. 43, S. 40-41

(2) Kunden perfekt betreuen Vertriebschancen nutzen, Umsätze ankurbeln, Reklamatio-nen reduzieren: Das verspricht CRM. Aber nur mit der passenden Software.
aus Impulse vom 01.01.2004, Seite 84

(3) Bitte Warten ... Besetzte Hotlines, ignorierte Anfragen, verschwundene Dokumente - Service? Fehlanzeige. Viele Unternehmen vergraulen ihre Kunden, wie ein Capital-Test belegt.
aus Capital vom 08.01.2004, Seite 96

(4) Kundenbindung in Perfektion-
aus acquisa, Heft 01/2004, S. 16

(5) Rückblende Comeback für CRM
aus Computerwoche, 16.01.2004, Nr. 3, S. 50

(6) Wie ein Mittelständler strikt projektbezogen arbeitet
aus Industrieanzeiger, Heft 50, 2003, S. 23

(7) Paul Hartmann AG:-CRM-wie im Lehrbuch
aus acquisa, Heft 01/2004, S. 18

(8) "Wir wollen eine 360-Grad-Sicht auf unsere Kunden" Deutsche Börse konsolidiert CRM-Systeme
aus Computerwoche, 23.01.2004, Nr. 4, S. 32

Impressum

Welchen Nutzen erbringen Customer-Relationship-Management-Systeme?

Bibliografische Information der deutschen Nationalbibliothek

Die Deutsche Nationalbibliothek verzeichnet diese Publikation in der deutschen Nationalbibliografie; detaillierte bibliografische Daten sind im Internet über http://dnb.d-nb.de abrufbar.

ISBN: 978-3-7379-0007-2

© 2015 GBI-Genios Deutsche Wirtschaftsdatenbank GmbH, Freischützstraße 96, 81927 München, www.genios.de

Alle Rechte vorbehalten. Dieses Werk ist einschließlich aller seiner Teile – z.B. Texte, Tabellen und Grafiken - urheberrechtlich geschützt. Jede Verwertung außerhalb der Grenzen des Urheberrechtsgesetzes bedarf der vorherigen Zustimmung des Verlags. Dies gilt insbesondere auch für auszugsweise Nachdrucke, fotomechanische

Vervielfältigungen (Fotokopie/Mikroskopie), Übersetzungen, Auswertungen durch Datenbanken oder ähnliche Einrichtungen und die Einspeicherung und Verarbeitung in elektronischen Systemen.